Autos de carreras

Los autos de serie

por Bizzy Harris

Bullfrog en español

Ideas para padres y maestros

Bullfrog Books permite a los niños practicar la lectura de textos informativos desde el nivel principiante. Las repeticiones, palabras conocidas y descripciones en las imágenes ayudan a los lectores principiantes.

Antes de leer

- Hablen acerca de las fotografías. ¿Qué representan para ellos?
- Consulten juntos el glosario de las fotografías. Lean las palabras y hablen de ellas.

Durante la lectura

- Hojeen el libro y observen las fotografías. Deje que el niño haga preguntas. Muestre las descripciones en las imágenes.
- Léale el libro al niño o deje que él o ella lo lea independientemente.

Después de leer

- Anime al niño para que piense más. Pregúntele: Los autos de serie se parecen a los autos regulares que la gente maneja. ¿Qué tienen ellos en común? ¿Cuáles son algunas de las diferencias?

Bullfrog Books are published by Jump!
5357 Penn Avenue South
Minneapolis, MN 55419
www.jumplibrary.com

Library of Congress Cataloging-in-Publication Data

Names: Harris, Bizzy, author.
Title: Los autos de serie / por Bizzy Harris.
Other titles: Stock cars. Spanish
Description: Minneapolis, MN: Jump!, Inc., [2023]
Series: Autos de carreras
Translation of: Stock cars. | Audience: Ages 5–8.
Identifiers: LCCN 2021061333 (print)
LCCN 2021061334 (ebook)
ISBN 9781636909660 (hardcover)
ISBN 9781636909677 (paperback)
ISBN 9781636909684 (ebook)
Subjects: LCSH: Stock cars (Automobiles)—Juvenile literature.
Classification: LCC TL236.28 .H54718 2023 (print)
LCC TL236.28 (ebook)
DDC 629.228/5—dc23/eng/20220118

Editor: Eliza Leahy
Designer: Emma Bersie
Translator: Annette Granat

Photo Credits: Grindstone Media Group/Shutterstock, cover, 1, 3, 4, 8, 10–11, 12–13, 15, 16–17, 23tl, 23tm, 23bm, 23br, 24; Lawrence Weslowski Jr/Dreamstime, 5, 23bl; Karen Foley/Dreamstime, 6–7; Natursports/Shutterstock, 9; action sports/Shutterstock, 14; ZUMA Press/Alamy, 18–19; Glenn Smith/AP Images, 20–21; Anatoliy Lukich/Shutterstock, 22; xpixel/Shutterstock, 23tr.

Printed in the United States of America at Corporate Graphics in North Mankato, Minnesota.

Tabla de contenido

Logos y vueltas 4

Las partes de un auto de serie 22

Glosario de fotografías 23

Índice 24

Para aprender más 24

Logos y vueltas

Los autos de serie se ponen en fila.

Los logos cubren los autos.

Las compañías pagan estos logos.

El conductor entra
a su carro.

Él entra por la ventana.

¿Por qué?

¡Las puertas no abren!

conductor
GOODYEAR
MOOG
ZAK
MOTHERS
LINCOLN WELDERS
BOSCH
NOCO
3M
03
Applied to Life."

El conductor se ajusta el cinturón de seguridad.

Él usa un arnés.

Hay redes en las ventanas.

Estas mantienen fuera los escombros.

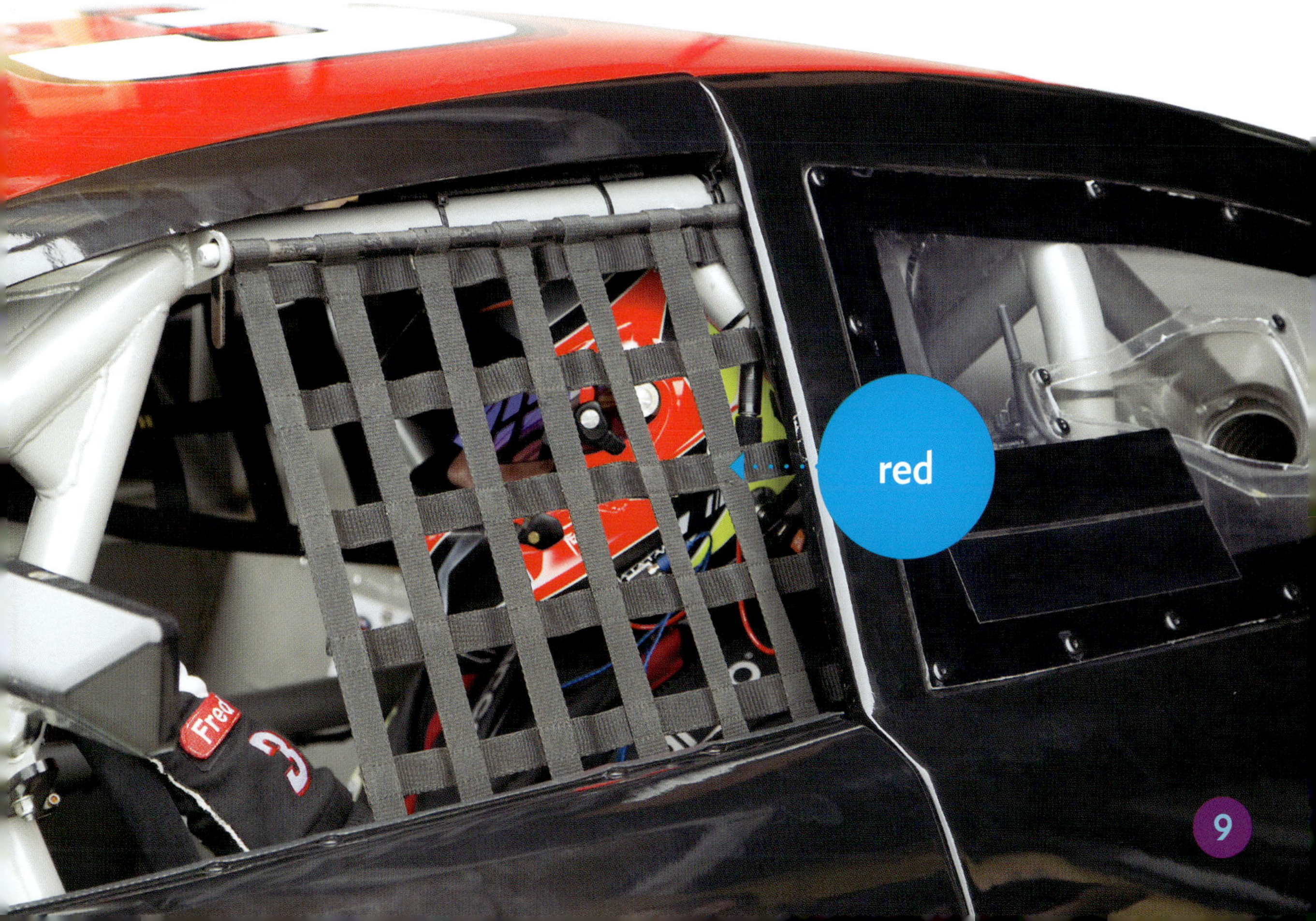

bandera
TEXAS MOTOR SPEEDWAY
Dickies

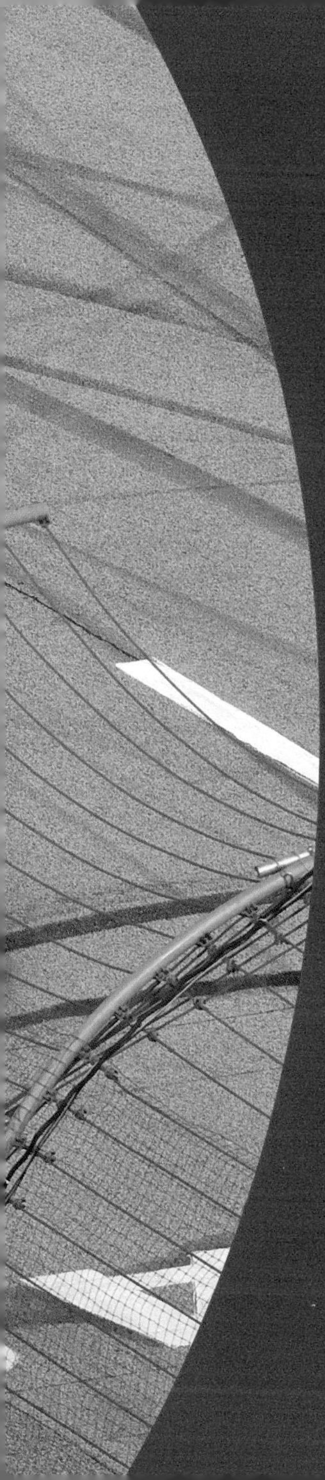

Una bandera verde ondea.
¡Empieza la carrera!

Los autos corren en la pista.

Ellos dan vueltas.

pista
FOOD CITY
BRISTOL MOTOR SPEEDWAY

Las llantas son pesadas.

¡Son el doble de pesadas que las llantas de los autos regulares!

Ellas se agarran a la pista.

Este auto pierde el control.

¡Sale una solapa del techo!

Esta ayuda a presionar el carro contra la tierra.

solapa del techo
Jimmie Johnson
Valvoline
LOWE'S
48
GOODYEAR
SUPPORT OUR TROOPS
3M
FLOWMASTER
freescale

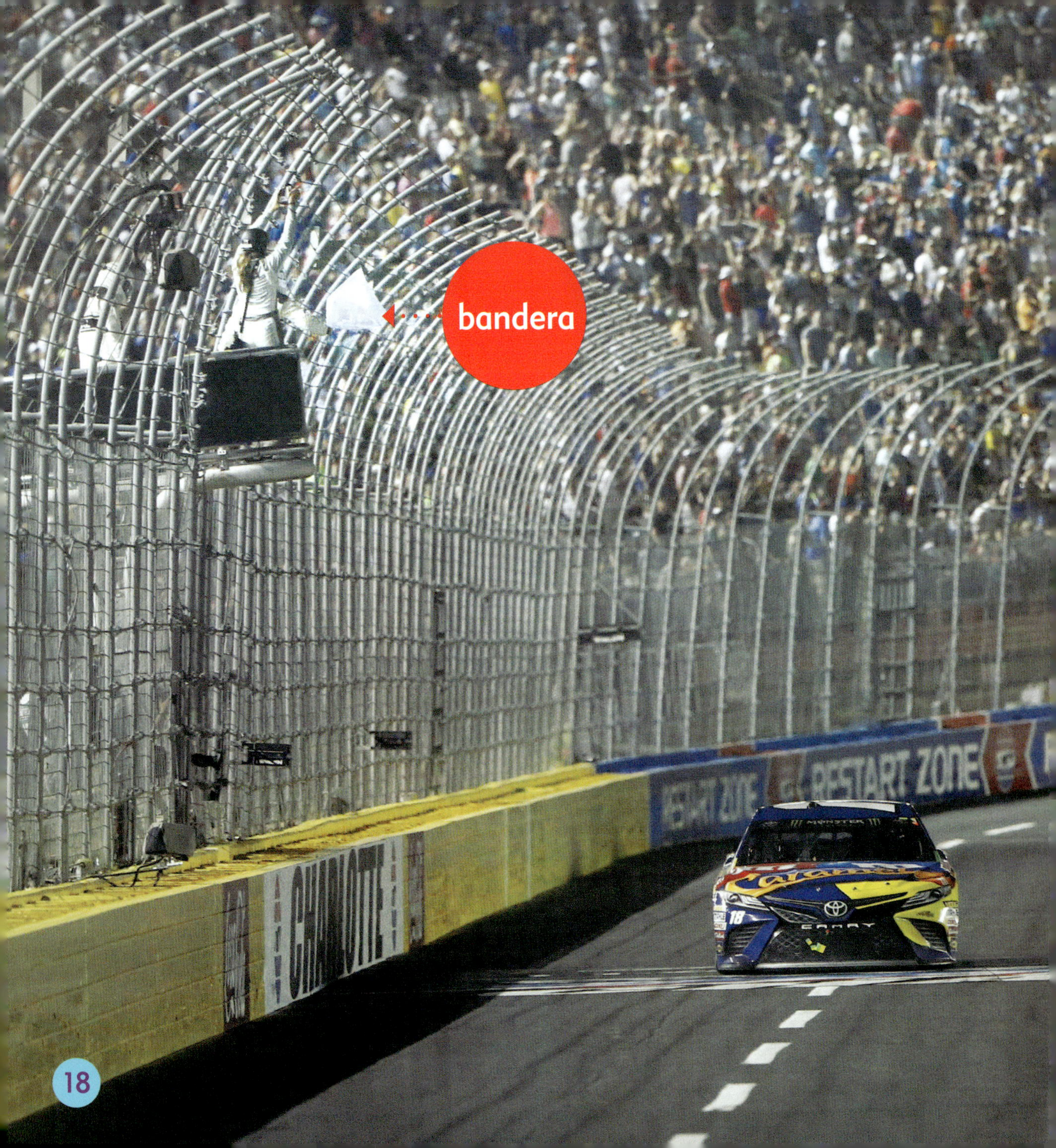
bandera
RESTART ZONE
RESTART ZONE
CHARLOTTE
MONSTER
CAMRY
18

Una bandera
blanca ondea.

¡Falta una vuelta!

¡Ahí está la línea de meta!

¡El número 24 gana!

línea de
meta

Las partes de un auto de serie

La velocidad máxima de un auto de serie es de 199 millas (320 kilómetros) por hora. ¡Échales un vistazo a sus partes!

Glosario de fotografías

arnés
Un grupo de correas usadas para conectarte con algo y mantenerte a salvo.

control
La habilidad de dirigir las acciones de algo.

escombros
Las piezas de algo que se ha roto o se ha destruido.

logos
Los símbolos que representan a compañías.

se agarran
Mantienen un control fijo sobre algo.

vueltas
Viajes completos alrededor de algo, como una pista.

Índice

bandera 11, 19
conductor 6, 8
gana 20
línea de meta 20
llantas 14
logos 5
pista 12, 15
puertas 6
redes 9
solapa del techo 16
ventana 6, 9
vueltas 12, 19

Para aprender más

Aprender más es tan fácil como contar de 1 a 3.

1. Visita www.factsurfer.com
2. Escribe "losautosdeserie" en la caja de búsqueda.
3. Elige tu libro para ver una lista de sitios web.